SOÑAR LO QUE QUIERO

Y TENERLO

Mariluz González Olave

© Copyright Mariluz González Olave
ISBN: 9798862663525
https://www.grandesescritores.com/mariluzgonzalez/

Mariluz González Olave nace en Santiago de Chile, en el año 1959.
Escritora del alma, sus sueños son más grandes que sus miedos.

Agradecimientos

A Claudio Antonio, mi hijo mayor

A Fabián Andrés, mi segundo hijo

A Valeria Mariluz, mi tercera hija

A Stefano Paolo, mi cuarto hijo.

Han sido el motor de mi vida.

Lo logrado ha sido gracias a su existencia.

INDICE

Capítulo 1	La duda	1
Capítulo 2	Las creencias, impulsoras o limitantes	6
Capítulo 3	Los miedos	11
Capítulo 4	Rendirse jamás	15
Capítulo 5	La fuerza mental	19
Capítulo 6	Estrategias	22
Capítulo 7	Objetivos	26
Capítulo 8	Consejos para alcanzar tus sueños	30

Capítulo 1   La duda

¿Qué quiero hacer con mi vida? ¿Qué dirección debo tomar? ¿cuál es el camino correcto? ¿cómo consigo la claridad para elegir ese camino? ¿Cómo logro llegar donde quiero? ¿qué debo hacer para conseguirlo?

El ser humano se enfrenta a estas dudas en forma frecuente a lo largo de su de vida.

La duda, por no haber encontrado el camino, por no saber con exactitud hacia dónde vamos, surge dentro de nosotros como un vacío profundo.
Es angustiante sentir el vacío de no tener propósito. Es como tener un telón negro delante nuestro que nos impide avanzar, no vemos por donde iremos y el miedo a lo incierto se apodera de nosotros. Es sentirse como un barco encallado, mientras que los demás navegan con éxito.

Las dudas surgen porque no tenemos claridad en nuestra mente, debido a que no hemos definido con exactitud nuestros objetivos.

El no saber qué dirección tomar, que elegir o a qué aferrarnos, implica que sólo improvisamos el camino y no le damos el propósito a nuestra vida.

Si no elegimos nosotros será la vida la que se encargará de elegir por donde iremos, eso significa aceptar lo que venga. Como no queremos eso, debemos asumir la responsabilidad de lo que pasará con nuestra vida.

Como atenuante a esta incertidumbre, debes saber que todos nos agobiamos en algún momento, las dudas que nacen de si valemos lo suficiente o decepcionaremos a todos, son interrogantes que nos atacan, porque son parte de nuestra naturaleza negativa, como lo veremos en capítulos siguientes. Y el gran trabajo que tenemos que hacer, es no dejar que nos invada ese negativismo que traemos arraigado y que tiene el gran poder de apoderarse de nuestra mente.

Por lo tanto, cuando estemos viviendo esos momentos de dudas, donde estamos en la inseguridad, en la oscuridad y en la reflexión al mismo tiempo, tenemos que cambiar la visión y verlos como una oportunidad de aprender, de clarificar los propósitos y crear nuevos compromisos.

Debe constituirse en materia prima valiosa en la transición hacia tu objetivo, pues si llegaste a sentir esa inseguridad y duda, debe servir para reflexionar y levantarte con más fuerza, debe realmente ser un paso intermedio entre la incertidumbre y la nueva fijación de un objetivo.

Muchas personas han partido de la nada y pusieron lo mejor de sí para conseguir sus objetivos y antes de haberlos conseguido seguramente lo imaginaron, soñaron y se pusieron metas para lograrlo. Tienes el ejemplo de los futbolistas, actores, por nombrar algunos.

Te invito a intentarlo. Imagina tu objetivo e intenta alcanzarlo, NO TEMAS IR LENTO, SOLO TEME NO AVANZAR.

¿Sabías tú que la gran diferencia entre los que consiguen lo que quieren y los que no, es que en algún momento de sus vidas decidieron qué querían lograr y avanzaron sin importar los obstáculos que aparecieran en el camino?

La vida siempre te pondrá obstáculos, pero los limites los pones tú.

Entonces, si te agobiaste por las dudas, luego las enfrentaste y las clarificaste y te pusiste en camino nuevamente con nuevos bríos, sin darle espacio al negativismo, vas en camino correcto.

Yo lo veo como un entrenamiento de salto alto, el atleta da un paso hacia atrás y luego va hacia adelante emprendiendo la carrera hacia la valla, la cual intentará saltar las veces que sea necesario para lograr su objetivo.

Lo único imposible es aquello que no intentas.

Capítulo 2   Las creencias, impulsoras o limitantes

La realidad de los seres humanos está formada principalmente por sus creencias.
Creencias adquiridas en el transcurso de la vida y en su entorno.

Estas creencias pueden **impulsarnos** o **limitarnos** a alcanzar nuestras metas.

El impulso positivo de la creencia es creerlo, por lo tanto, la estrategia mental para conseguir lo que queremos es CREERLO.
Porque cuando creemos algo, lo creamos en el mismo momento.

Y la creencia limitante es el negativismo que el ser humano experimenta comúnmente.

Si una persona cree que NO puede hacer algo, es muy probable que no lo haga, porque perderá la batalla antes de empezar. No se dará la oportunidad de ver si puede realizarlo.

Por lo tanto, el impulso positivo de la creencia de que podemos alcanzar un objetivo nos dará la motivación para actuar.

La acción es el paso fundamental en el logro, si no te pones en acción para lograr el objetivo, nada pasará, te quedarás observando y admirando a otros que si avanzan.

¿Recuerdas qué desde niños, en nuestro cumpleaños, soplamos las velas de la torta y la enseñanza fue pedir un deseo fervientemente?

¿Recuerdas que creímos firmemente en el cumplimiento del deseo solicitado?

Ahora de adultos, seguimos soplando las velas de la torta y pidiendo un deseo, pero sin ninguna convicción, nuestras propias limitantes nos alejan del optimismo de creerlo y la esperanza de lograrlo.

Es porque lo miramos como un juego, pedir un deseo y que se haga realidad es una fantasía. Pero, si esos deseos son de sentido común y no irrealidades, sólo dependerá de que lo pongas en tu mente como un objetivo.

Si tienes un objetivo en mente, haz que la mente sea tu aliada y no tu enemiga. Dale los impulsos positivos para dar los pasos necesarios en el avance y no dejes que el negativismo o el creer que no podrás, se apodere de ti y no te deje avanzar.

¿Sabías que nuestra mente tiene más poder del que imaginamos?

Dónde ponemos nuestra energía mental, ponemos nuestra capacidad de crear, y nuestras acciones se dirigirán a crear efectivamente la realidad que existe en nuestra mente.

Si estás convencido en tu mente de que alcanzarás tu objetivo, se multiplicarán las probabilidades de éxito.
Cada vez se abrirán más puertas y verás oportunidades que antes ni siquiera vislumbrabas.

Tu energía mental te conduce a crear un objetivo y **la acción** que pongas en tu camino es lo que te llevará a lograrlo. Tendrás un motivo para trabajar y mejorarás tus habilidades, estarás atento a las oportunidades, lo harás con pasión, dedicación y perseverancia.

Verás que finalmente, tu objetivo se hace presente, gracias a que aplicaste tu energía mental en forma consistente, directa y constante en tu deseo, gracias a que creíste firmemente y sin limitantes en que lo conseguirías.

No pierdas de vista que, cuando tu mente crea firmemente que tu deseo es un hecho, te dirigirá para crearlo y obtenerlo.

¡PUEDES CONSEGUIR LO QUE QUIERAS CREYÉNDOLO!

Capítulo 3   Los miedos

Identifica tus miedos.

¿Qué es lo que te asusta? Atrévete a reconocerlo.

Cuando nos enfrentamos a nuestros miedos, perfilamos también aspectos muy relevantes sobre nuestro carácter. Y sorprendentemente esto genera en nosotros un gran sentimiento de autoconfianza.

Además, al identificar esos miedos, también indagamos en sus orígenes, en la raíz de muchos de nuestros problemas, esos que no enfrentamos, los mismos que dejamos a la deriva y que se encargan de frenar nuestro crecimiento personal. Es una tarea no exenta de cierta dificultad, pero que al mismo tiempo nos puede ayudar de un modo muy positivo.

Si das un paso más adelante, aunque sea lo que más miedo te cause, cuando lo superes te sentirás orgulloso y podrás sentirte vencedor.

Por lo tanto, debes ser capaz de enfrentarte a tus miedos y controlar la ansiedad con concentración, si te cuesta mucho concentrarte debes practicar la meditación.

Te aconsejo que decidas meditar a diario, verás que a lo largo del tiempo te servirá para tener un mayor control de tus emociones. Esto es algo fundamental para cualquier situación en la vida.

Responde libre de miedos y atrévete a responder sin límites a la pregunta ¿Qué quiero hacer con mi vida?

Y no te reprimas. No te excuses.
No valen las respuestas repetidas "me gustaría hacer esto, pero no puedo porque..." contesta con sinceridad y seguridad.
Porque si es importante tomar decisiones, aún es más saber clarificar objetivos SIN MIEDO

Y si tienes miedo de encaminarte en un proyecto, debes saber que es de precavidos tener miedo, pero de valientes ponerles límites a esos miedos.

Si vas en una carrera debes ir a ganar, esa es la mentalidad.

Capítulo 4   Rendirse jamás

Recuerdan la película estadounidense–hongkonesa de acción del año 1985, llamada "Retroceder nunca, rendirse jamás", yo creo que sí.

Sabrán ustedes que, al momento de su estreno, recibió mayormente críticas negativas, por tener una trama similar a otras de la época. Sin embargo, al pasar el tiempo el impacto de su título tuvo una viralización gigantesca, volviéndose una frase popular.
La película actualmente es considerada como una película de culto.
Esta frase conocida en muchas partes del mundo nos proporciona un **estímulo positivo poderoso**.

Sabemos que surgirán situaciones adversas que inevitablemente nos pondrán a prueba, pero esos eventos no tienen que ser una opción de rendición a nuestros proyectos, recuerda ahí con fuerza: "retroceder nunca, rendirse jamás".

Algunos estudios revelan que los individuos sentimos la necesidad de huir de las dificultades por un mecanismo de supervivencia instalado en el cerebro. El tema es que este mecanismo no distingue entre las dificultades que hay que evitar porque son un riesgo mayúsculo sin recompensa y las dificultades que sí hay que asumir porque traerán grandes beneficios.

Entonces si llevamos a la práctica este conocimiento, no huyamos de lo que podría ser el camino de conseguir nuestro mayor deseo, esquivemos y saltemos todos los obstáculos que impidan llegar a la meta del objetivo elegido.

Todos conocemos esta frase "nadie dijo que sería fácil"
Sabemos que pocas cosas son fáciles de conseguir en este mundo, pero las lecciones también sirven para hacernos más fuertes y valorar nuestro propio esfuerzo.

No debemos ocultar a nuestra mente el problema qué significa abandonar el proyecto, esto es volver a empezar una y otra vez y que cada vez se te hará más difícil terminar lo que empiezas.

Así que no te des el lujo de perder el tiempo por tu frustración. Aplica fortaleza, hay que sacudirse la modorra, crear un objetivo y comenzar la carrera, ¡Retroceder nunca, rendirse Jamás!

Capítulo 5   La fuerza mental

La fortaleza mental no es un don y tampoco es hereditaria, se desarrolla igual que cualquier otra actividad en la vida.

La fortaleza mental tiene que ver con la CONFIANZA EN UNO MISMO, el control emocional, la determinación y el enfoque que le das a las cosas.

Por ejemplo, creer firmemente en ti y tus habilidades y esas mismas habilidades combinarlas para lograr objetivos.

Si a esa fortaleza mental le agregas un GRAN DESEO DE TRIUNFAR y querer el éxito poniéndote en acción, sin duda lo conseguirás.

Como sabemos que las cosas no siempre salen bien, debes tener la capacidad de TOLERAR la FRUSTRACION, manteniendo la cabeza fría y buscando la solución con una perspectiva adecuada.

Recuerda que los pensamientos negativos llegarán a tu mente, tratando de sabotear tu proyecto. Por lo tanto, debes mantenerte centrado en tu objetivo y no dejar que el negativismo te invada.
Tu fuerza de voluntad es un recurso limitado, agotable, por lo tanto, debes poner mucho de tu parte para que no flaquee.

Debes estar alerta, las cosas cambian siempre, entonces hay que estar atentos a visualizar los momentos y aprovechar las oportunidades que se presentan.

Capítulo 6   Estrategias

Ponte en una situación extrema, en la que no te quede más opción que hacer lo que proyectaste.

Si tu mente comprende que no tiene otras opciones, pone todos los recursos inconscientes a trabajar para conseguir los objetivos. Los resultados generalmente son sorprendentes.

Ser persistente, no desfallezcas, pon todo tu esfuerzo en lograr tu objetivo, piensa siempre que si algo sale mal puedes levantarte de nuevo. Lo importante es no dejarse llevar por el lado fácil, en donde la vida se encarga de dirigirte, eres tú quien debe llevar las riendas de tu camino y hacia donde quieres llegar.

Hay personas que logran lo que se proponen y son iguales que tú, la diferencia es que han sabido cómo dar los pasos, manteniéndose firmes y sin dejar su objetivo para mañana, pasado o nunca.

Elegir el entorno es más importante de lo que crees, debes asegurarte qué trabaje a tu favor y no en tu contra.

Tu entorno debe empujarte a hacer lo que debes según tus objetivos, sin necesidad de usar tu fuerza de voluntad.

Pondrás a prueba tu fuerza de voluntad si te dejas llevar por otras opciones que son más placenteras y fáciles, como ver TV o navegar por internet, así es que VENCE la tentación.

El éxito nunca se logra en soledad, generalmente es el resultado de la colaboración y el apoyo de otras personas. Por lo tanto, rodéate de un entorno positivo, de personas que se alegren de tus éxitos y te ayuden a levantar en tus fracasos. No de los que saboteen tus proyectos y te hagan dudar de alcanzarlos.

Autoexigencia es la base de cualquier trabajo, hay que trabajar duro y no dejarse rendir. Sin sacrificio no hay éxito. No creas que con pensar o soñar en un objetivo este llegará solo a su meta, debes luchar por alcanzarlo, poner todo tu esfuerzo y empeño, autoexigirte, eres tú y solo tú el responsable de lograrlo y eso se consigue con trabajo arduo.

Motivación, tener metas por cumplir que nos acerquen a nuestros objetivos nos dará motivación y sentido a nuestra existencia.

Caminar siguiendo lo que visualizaste e ir superando etapas impuestas te hará feliz, sentirás que cada día vas avanzando en lograr tu objetivo.

Queridos todos, tener objetivos en la vida es beneficioso, no te dejes llevar por lo fácil, busca incesantemente cambios en tu vida y pon metas a tu camino, verás que todo es lograble si ponemos nuestra mente y esfuerzo en conseguir lo que soñamos.

Capítulo 7   Objetivos

Las metas deben estar definidas y claras para que proporcionen autocontrol y resultados. Esto nos permitirá confiar en nosotros mismos y darnos cuenta de nuestra capacidad en el desarrollo del objetivo.

Estudiando un módulo de Administración de empresas, conocí la sigla SMART, esta sigla significa que los objetivos de una organización deben ser específicos, medibles, realistas, relevantes y deben lograrse en un tiempo determinado. Al aplicarlo permite detectar errores y corregirlos.
Para mantener los objetivos relevantes y realistas tenemos que estar abiertos a los cambios, las ideas no son inamovibles, se pueden adaptar al plan, por lo tanto, se puede corregir el proyecto y conducirlo al objetivo con los nuevos cambios.

Así es que te invito a que desarrolles tu objetivo como un desafío SMART, específico, detallado correctamente, medible con facilidad para observar los avances, realista porque si te pones desafíos muy altos no podrás cumplir y te causará frustración, relevante para ti y en un marco de tiempo apropiado para lograrlo. Atento a nuevas ideas para adaptar el plan si es necesario.

Escribe tu objetivo y puedes desglosarlo en metas a corto, mediano y largo plazo, con fechas exactas para lograrlo, de esta manera te generarán autoexigencia y presión para organizarte y podrás verificar el progreso y en qué punto te encuentras para conseguir lo que quieres según tus propias pautas. Y cada vez que logres una de ellas ¡CELEBRALO!

Recuerda a diario el porqué de tus objetivos y por qué quieres conseguirlos, ten tus objetivos visibles en tu escritorio, en tu celular, en tus apuntes.
Podrás visualizar continuamente la razón de tu esfuerzo y te dará energía y motivación extra, IMAGINA el futuro con el objetivo cumplido y como te hará sentir.

Haz un balance del progreso para determinar tus siguientes pasos, si estás convencido seguirás avanzando. Debes mantenerte positivo.

Hay que disfrutar el presente, visualizar el camino que vas recorriendo para lograr el objetivo, así podrás valorar lo que hiciste cuando lo hayas logrado.

Capítulo 8   Consejos para alcanzar tus sueños

Uno debe saber exactamente qué es lo que quiere de forma específica. Y ser capaz de grabarlo en la mente de forma clara. Esto se llama visualizar.

Debes tomar tiempo para estar tranquilo y escuchar tus pensamientos, puede tomar muchas horas enfrentarte a ti mismo y entender por qué quieres algo. Sé honesto contigo mismo.
Para ello, debes creer firmemente que tu sueño se hará realidad y visualizarlo como logrado al final del camino.

Trabajar duro y ser persistente sin claudicar.
Hay que esforzarse, llegar donde quieres no sucede en un segundo, te enfrentaras con obstáculos y debes ser capaz de enfrentarlos y evadirlos.
La falta de persistencia es la que hace que nos demos por vencidos, que no lleguemos al final de lo proyectado. Para

lograr tus objetivos debes sacrificarte. Sin sacrificio no hay éxito.

Imanta algo a tu vida e imagina que ya lo tienes en tu mano Imagina lo que quieras, atráelo hacia ti y experimenta la sensación de que ya lo tienes. Siente la felicidad anticipada de haberlo logrado y disfruta la sensación que te dará tenerlo. El siguiente paso será ponerte en acción y hacerlo realidad.

Confía en tu capacidad de intuición, es posible que sea el universo que te está dando un empujón hacia el camino correcto.

Medita y siente ALEGRÍA de PENSAR que tendrás lo que deseas, HAZ QUE ESTE PENSAMIENTO sea tan completo que puedas sentirlo como una realidad.

El mundo está lleno de oportunidades, pero cuando surgen las dudas e inseguridades, nosotros mismos somos el peor obstáculo para nuestra felicidad. Cambiar tu día a día para mejor, implica elegir antes que nada un destino y dar un paso para llegar allí.

Por eso, para saber que quieres hacer con tu vida, debes definir primero qué tipo de destino es el que quieres para ti. Sea cual sea tu situación, imagina ahora y por un momento que todos tus sueños se han hecho realidad en los últimos años y disfruta esa sensación.

Lee, inspírate, se receptivo. La lectura de un buen libro de autoayuda es increíblemente poderosa, siempre y cuando seas capaz de adoptar y poner en práctica las ideas que encuentres allí. Leer solamente no va a suponer nada para ti si no aplicas los consejos que encuentras.

Así mismo y no menos importante, también es esencial que empieces a aplicar una adecuada apertura mental y emocional Relaciónate, conecta con las personas y con tu entorno. Abre tu corazón y tus sentidos para escampar los miedos y permitir que lleguen cosas nuevas, esas que te inspirarán y te invitarán a proyectar nuevos caminos, metas más altas.

Todos hemos querido hacer algo alguna vez, pero no siempre hemos aunado el suficiente valor para llevarlo a cabo.

Los motivos pueden ser varios, desde "no tengo tiempo" hasta "como me voy a poner a hacer esto a mis años".
Si estos enunciados aparecen con frecuencia en tu cabeza hazte un reseteo mental y libérate.
La vida debe vivirse con pasión, solo así aparece el auténtico sentido.

Cuando no sabes que quieres hacer con tu vida hay un aspecto de tu crecimiento personal que está fallando. Nos referimos a esa elevada incapacidad para tomar decisiones. Nos cuesta, surgen las dudas, las inseguridades, son tantos nuestros miedos que al final no decidimos nada y optamos por quedarnos en ese lugar donde nada nuevo acontece: la zona de confort, dilapidando la mayor parte del tiempo. Así es que definitivamente aprende a tomar decisiones.
Invierte el tiempo necesario trabajando duro en tu objetivo, pon tu energía y esfuerzo para que tu proyecto despegue.

Si sigues estos consejos, más temprano que tarde verás frutos de tu esfuerzo.
Será maravilloso disfrutar lo que anhelaste, podrás mirar hacia atrás, ver el camino recorrido y el costo para haber

llegado donde te encuentras y créeme sentirás una satisfacción única.

Así que amigo, amiga, decídete, sal de tu zona de confort, busca un objetivo con pasión, esfuérzate en lograrlo.

Si no escalas la montaña, jamás podrás disfrutar el paisaje.
(Pablo Neruda)

Made in the USA
Middletown, DE
07 November 2023

41942774R00027